Sarah Gorzelitz

Fenster – oder: 12 Lichtblicke

story.one – Life is a story

1st edition 2023
© Sarah Gorzelitz

Production, design and conception:
story.one publishing - www.story.one
A brand of Storylution GmbH

All rights reserved, in particular that of public performance, transmission by radio and television and translation, including individual parts. No part of this work may be reproduced in any form (by photography, microfilm or other processes) or processed, duplicated or distributed using electronic systems without the written permission of the copyright holder. Despite careful editing, all information in this work is provided without guarantee. Any liability on the part of the authors or editors and the publisher is excluded.

Font set from Minion Pro, Lato and Merriweather.

© Cover photo: Daniel Engström

© Photos: privat

ISBN: 978-3-7108-5169-8

Für alle, die nach den kleinen Lichtblicken im Leben Ausschau halten

INHALT

Fenster	9
Märchen	13
In Zivil	17
Wasserfall	21
Auf dem Papier	25
Heimwärts	29
Nimmermehr	33
Zurück	37
Nächstes Mal	41
Sinfonie	45
Zuhause	49
Danksagung	53

Fenster

Ich weiß nicht, warum meine Panikattacken nachts immer am schlimmsten waren. Vielleicht, weil nachts Zeit zum Nachdenken ist. Oder zum In-Dinge-Hineinsteigern. Das konnte ich zwar auch tagsüber schon immer recht gut, aber dann waren da wenigstens noch andere Menschen, Geräusche, eine Brücke zur Außenwelt und hinaus aus dem Wirrwarr im Inneren. Nachts ist es still und dunkel, und jeder ist für sich allein. Vielleicht war es diese Abgeschiedenheit von allen und allem, die der Angst die Türen öffnete.

Und so lag ich oft da, hatte den Fernseher laufen, um Gesellschaft zu simulieren, und befand mich doch irgendwie in der Angst-Spirale. Der Atem geht dann schneller, Gedanken jagen durch den Kopf, so schnell, dass man eigentlich gar nicht merkt, was man denkt, nur *dass* man denkt, und zwar viel zu viel. Man fühlt sich, als sei man an ein Gleisbett gekettet und warte auf den Zug, der bestimmt gleich um die Ecke kommt. Der Zug kommt zwar nie, aber das hält einen nicht davon ab, sich beim nächsten Mal wieder in diesen Irrsinn zu werfen.

Hinein in diesen Zustand kommt man ganz einfach, wenn man die richtige Veranlagung mitbringt. Aber wie kommt man wieder heraus? Das Einzige, was ich mit Sicherheit sagen kann, ist, *dass* man wieder herauskommt. Manchmal braucht es nur eine Kleinigkeit, um die Atmung zu beruhigen und sich aus dem Gleisbett zu lösen. Für mich war es in einer Nacht, an die ich mich noch gut erinnere, ein erleuchtetes Fenster auf der anderen Straßenseite. Ich kenne die Leute, die dort wohnen, nicht persönlich. Man grüßt sich, wenn man sich auf der Straße begegnet, aber das war es dann auch schon. Und trotzdem gab mir das Fenster dort drüben in dieser Nacht das Gefühl, nicht alleine auf der Welt zu sein.

In dieser Sammlung von Geschichten wird nicht genug Platz sein, um ausschweifende Schicksale nachzuerzählen. Ich möchte aber Fenster öffnen, die Ausschnitte von Leben preisgeben - und vielleicht sind diese Fenster für den einen oder die andere nachts erleuchtet.

Märchen

Mia schaltete das Licht an ihrem Schminkspiegel ein und blinzelte. Immer wieder war sie überrascht, wie hell die Lampen waren. Als ihre Augen sich etwas an die Helligkeit gewöhnt hatten, schaute sie in den Spiegel. Hinter ihrem blassen, von dunkelroten Haaren umrahmten Gesicht nahm sie die vertraute Unruhe wahr. Bis zum Vorstellungsbeginn in zweieinhalb Stunden war noch viel zu tun.

Das Schminken lief mittlerweile fast automatisch ab. Mia hatte aufgehört zu zählen, wie oft sie in diese Rolle geschlüpft war. Seltsam, fand sie, hatte sie doch damals, als sie mit dem Schauspielstudium angefangen hatte, immer davon geträumt, die Julia spielen zu dürfen. Und einfach so, kaum merklich, war es Routine geworden. Als sie fertig war, ging sie in Richtung Bühne, um ihre Requisiten zu platzieren. Eine goldene Regel unter Theaterleuten: Jeder war für seine eigenen Requisiten selbst verantwortlich.

Vom Seitenaufgang aus schaute Mia herüber in den Zuschauersaal. Einer dieser Sitze würde heute Abend frei bleiben, wie immer. Man sagte Schauspielern nach, dass sie alle ihre kleinen Macken hatten. Das war Mias. In jeder Vorstellung reservierte sie einen Platz auf einen Namen, der ihr mittlerweile mehr wie eine Floskel vorkam. Schon vor einiger Zeit hatte sie begonnen, sich deshalb lächerlich zu fühlen, aber sie brachte es nicht übers Herz, zum Personal an der Kasse zu gehen und die Reservierung aufzuheben. Vielleicht kam er ja gerade heute... Sie schüttelte den Gedanken ab und versuchte, sich auf die Leute zu konzentrieren, die heute auf jeden Fall da sein würden. Mias Schwester wollte sich die Vorstellung gemeinsam mit ihrer Tochter ansehen. Darüber freute Mia sich, und das war, was zählte.

Die Vorstellung verlief ohne besondere Vorkommnisse. In der Garderobe zog Mia sich verschwitzt, aber glücklich, um und schminkte sich ab. Sie hatte ihrer Schwester versprochen, sie draußen noch zu treffen. Als sie aus der Tür nach draußen in die Halle trat, rannte ihre Nichte auf sie zu. Wie groß sie schon geworden war. Im Kopf rechnete Mia nach. 11 musste sie sein. »Wow, das war toll! Du hast super gespielt!«, rief das Mädchen und warf sich Mia in die Arme. Mia lächelte. »Freut mich, dass es dir gefallen hat! Wie fandest du denn die Geschichte? Total romantisch, oder? Wie im Märchen!« »Die Geschichte mochte ich nicht so. Ich fand das nicht romantisch, ich fand das ziemlich doof. Hat man ja nichts davon, dass man sich lieb hat, wenn am Ende alle tot sind. Dann lieber alleine, aber lebendig!« Das Mädchen lachte. Mia lachte nicht mit.

Sie sprach noch eine Weile mit ihrer Schwester und anderen Zuschauern, die ihr Lob für ihre Leistung aussprachen. Als alle gegangen und alles für den nächsten Tag vorbereitet war, nahm sie ihre Sachen und wandte sich zum Gehen. Sie war schon fast zur Tür hinaus, als sie anhielt und sich umdrehte. Die Dame an der Kasse war auch in Begriff, für den Abend Schluss zu machen. Sie sah Mia überrascht an. Die atmete kurz durch, bevor sie sagte: »Könnten Sie die Reservierung für morgen rausnehmen? Ich glaube nicht, dass die noch gebraucht wird. Danke!« Dann trat sie lächelnd hinaus in die Nacht.

In Zivil

Die Lichter der Stadt tauchten unter dem Flugzeug auf. Karl schaute aus dem Fenster, konnte den Anblick aber kaum aufnehmen. Er war nervös. Die Kleidung an seinem Körper fühlte sich fremd an. Niemals hätte er gedacht, dass seine Füße irgendwann die Stiefel vermissen würden, die ihm anfangs die Haut zerschunden hatten. Jetzt fühlte er sich fast nackt. Er erinnerte sich an den letzten Flug, auch dann war er nervös gewesen. Diese Nervosität hatten viele nachvollziehen können. Das große Unbekannte hatte vor ihm gelegen. Ein anderes Land, eine andere Kultur, andere Umstände - Krieg. Dass man auf dem Weg dorthin nervös war, das leuchtete der Allgemeinheit ein. Jetzt aber befand er sich auf dem Heimweg, zurück ins bekannte Leben, und er war sich sicher, dass jeder, der nicht gesehen hatte, was er gesehen hatte, denken musste: Was für eine Erleichterung, endlich wieder zu Hause. Aber Karl fühlte sich nicht erleichtert. Er war mindestens genauso nervös wie auf dem Flug damals. Er hatte sich auf diesen Tag gefreut, natürlich! Aber jetzt, hier sitzend, in Kleidung, die ihm irgendwann in einem früheren Leben mal gehört hatte, fühlte er sich fehl am Platz. Wie erklärt man, dass man sich nicht mehr daheim fühlt, wo man zu Hause ist? Das konnte ja für niemanden Sinn machen, der nicht schon einmal diesen Heimweg angetreten hatte.

Für den Einsatz wurde man ausgebildet. Karl hatte als Berufssoldat unzählige Lehrgänge hinter sich gebracht, war körperlich und mental auf Ausnahmesituationen vorbereitet worden. Und trotzdem: Man konnte nie wissen, wie man reagieren würde, wenn man tatsächlich in so eine Situation geriet, wenn man unter Beschuss war, wenn es nicht nur um das eigene Leben ging, sondern auch um das der Kameraden um einen herum. Ob man dann einfror oder handlungsfähig blieb, das wusste man erst, wenn man es erlebt hatte. Karl war nicht eingefroren, hatte seine Arbeit getan.

Es war nicht so, als gäbe es keine Vorbereitung auf die Rückkehr. Die psychologische Betreuung nach dem Einsatz war in den letzten Jahren deutlich besser geworden. Aber auch jetzt war der Moment entscheidend: Würde er wieder Fuß fassen können in einer Welt, die so grundlegend anders war als das, was er in den letzten Monaten gesehen hatte? Das Flugzeug hatte sich in den letzten Minuten nach unten geschraubt und während Karl vor sich hin grübelte, setzten die Reifen auf der Landebahn auf. Als sie zum Stehen gekommen waren, stand Karl mechanisch auf und ging hinaus. Ihm war noch immer nicht danach, mit jemandem zu sprechen.

Draußen erwartete ihn kein verzaubernder heimatlicher Anblick, nur Asphalt und die Gebäude des Flughafens. Er wusste nicht, ob es die Luft war, die anders roch, oder ob Frieden einfach ein Gefühl war, das man auf der Haut spüren konnte, aber er wusste, dass er angekommen war. Dass er in Sicherheit war. Vieles schoss ihm durch den Kopf, vor allem, dass alle, die ihr ganzes Leben hier verbracht hatten, den Frieden und die Sicherheit gar nicht zu schätzen wussten. Doch dieser Gedanke machte ihn nicht traurig oder bitter, denn genau so sollte es sein. Der Gedanke war eher tröstend. Und in diesem Moment wusste er, dass alles in Ordnung sein würde.

Wasserfall

»Oma? Was ist das Gruseligste, das dir jemals passiert ist?« - »Wieso möchtest du das denn wissen? Kriegst du denn dann keine Angst?« - »Quatsch! Ich bin ja schon groß! Versprochen!« - »Stimmt! Da hast du Recht. Also. Das Gruseligste, was mir je passiert ist... Das ist wahrscheinlich auch das Schönste, was mir je passiert ist. Außer deiner Mama und dir natürlich.« - »Hä? Wie geht das denn?«

»Du wirst das schon verstehen am Ende. Also, ich war ungefähr so alt wie du, und du weißt ja, ich bin nicht hier aufgewachsen. Wir haben damals in einem alten Haus gewohnt und direkt vor unserer Haustür begann der Wald. Meine Eltern waren oft beschäftigt und haben nicht mitbekommen, wenn ich mich in diesen Wald geschlichen habe. Normalerweise wusste ich immer, wo ich war, aber an diesem einen Tag ging ich einem Vogel nach, der ganz anders klang, als alle Vögel, die ich vorher gehört hatte. Irgendwann fand ich mich in einem Teil des Waldes wieder, der mir nicht mehr bekannt vorkam. Natürlich bekam ich Angst und versuchte, meinen Weg zurück zu finden. Aber alles sah so gleich aus und irgendwann war ich vom ganzen Laufen so müde, dass ich mich hinsetzen musste. Es war mittlerweile dämmrig geworden.«

»Das ist wirklich gruselig! Ich bin immer nicht so gerne im Wald, wenn es dunkel ist. Wir haben mit der Schule mal eine Nachtwanderung gemacht, und wenn ich da alleine gewesen wäre, hätte ich bestimmt Angst gehabt!«

»Ich hatte natürlich auch Angst. Und als ich da so saß, musste ich anfangen zu weinen. Ich weiß nicht, wie lange es dauerte, bis ich den Kopf wieder hob, aber dann sah ich, dass es tatsächlich ziemlich düster geworden war. In der Dunkelheit konnte ich aber einige kleine Lichter ausmachen, die vor mir schwebten.«

»Das waren Glühwürmchen, oder?«

»Wahrscheinlich, ja. Damals hatte ich aber das Gefühl, dass ich da etwas Besonderes sah. Ich hatte plötzlich keine Angst mehr. Es war, als wollten die Lichter, dass ich mit ihnen gehe. Sie führten mich durch den dunklen Wald an eine

Lichtung, wo ein Wasserfall rauschte. Ich hatte gar nicht bemerkt, wie durstig ich gewesen war, aber ich trank aus dem Fluss und folgte den Lichtern dann weiter. Nach einer Weile lichtete sich der Wald und zu meiner Überraschung stellte ich fest, dass ich vor unserem Haus stand. Ich drehte mich um in Richtung Wald, aber die Lichter waren verschwunden. Drinnen traf ich dann auf meine Eltern, die mich natürlich inzwischen fieberhaft gesucht hatten. Ich habe danach versucht, den Weg zurück zu diesem Wasserfall zu finden, aber ich habe weder ihn noch die Lichter seitdem jemals wieder gesehen.«

»Wow, das ist gruselig und schön! Meinst du, wir können mal zurück zu deinem alten Haus fahren und den Wasserfall zusammen suchen?«

»Das klingt nach einer prima Idee, vielleicht haben wir ja Glück!«

Ze

Mari

Mathematik ....

Deutsch ....

Englisch ....

Auf dem Papier

»Wo hast du heute nochmal das Gespräch?«, fragte Marias Vater mit kratziger Stimme. »In der Kanzlei Stresing. Ich muss auch gleich los, hast du alles, was du brauchst?« Sie betrachtete den Nachttisch, auf dem neben der Fernbedienung für den Fernseher an der Wand nun auch ein Glas Wasser und ein Teller mit einem belegten Brot standen. Außerdem natürlich eine Schüssel, die Maria gründlich ausgespült hatte.

»Ja, ich hab alles, danke dir.« Ihr Vater versuchte ein Lächeln, das die hohlen Wangen und die faltige Haut in seinem Gesicht noch mehr betonte. »Viel Erfolg, ich bin sicher, du schaffst das!« Maria bedankte sich und lächelte zurück. Nachdem sie sich verabschiedet hatte, verschwand das Lächeln allerdings aus ihrem Gesicht. Sie war sich nicht so sicher, ob sie das schaffen würde. Sie hatte aufgehört, die Bewerbungen zu zählen, die sie nach dem Abschluss ihrer Ausbildung geschrieben hatte. Das hier war ihr erstes Gespräch, zu dem sie tatsächlich eingeladen worden war. Wie sie die Abschlussprüfungen überhaupt bestanden hatte, wusste sie bis heute nicht. Ihr Vater hatte die Diagnose eine Weile davor bekommen, und seitdem war ihr Leben aus den Fugen geraten. Es hatte nie zur Debatte gestanden, ob sie bei ihm bleiben und ihn pflegen würde, denn so war es schon immer gewesen: Es gab nur Maria und ihren Vater, und sie standen alles gemeinsam durch. Und auch dieses Mal schien es, als hätten sie es geschafft. Die Tumore in der Lunge ihres Vaters sprachen gut auf die Chemotherapie an und er würde schon bald die Medikamente absetzen können, wenn der nächste Check-Up den Erfolg der Behandlung bestätigte. Diese Entwicklung freute Maria natürlich unglaublich. Aber ihre Freude wurde von ihren eigenen Aussichten etwas getrübt. Ihre Noten hatten während der Krankheit ihres Vaters spürbar gelitten. Auch die Arbeit in der Kanzlei, in der sie ihre Ausbildung gemacht hatte, hatte sie nicht so gewissenhaft erledigen können, wie sie es unter normalen Umständen getan hätte. Es war verständlich, dass sie dort nicht übernommen worden war und nun mit ihrem dürftigen Zeugnis einen Arbeitsplatz suchen musste.

An ihrem Zielort angekommen, erklomm sie die Stufen hinauf zur gläsernen Eingangstür. Im

Vorzimmer wurde sie von einer jungen Mitarbeiterin empfangen, die sie freundlich begrüßte und ins Büro des Chefs begleitete. Herr Stresing war ein grauhaariger Herr, den Maria auf Mitte 50 schätzte. Auch er lächelte sie freundlich an und bat sie, ihm gegenüber Platz zu nehmen. Er fragte sie, ob sie gut hergefunden hätte und begann das Vorstellungsgespräch mit einigen Fragen zu Mias Erfahrungen. Dann nahm er ihre Bewerbungsunterlagen hervor. Ihr Herz rutschte einen gefühlten Meter nach unten. »Zu Ihrer Bewerbung... Sie haben wenig Interessen über die Arbeit hinaus angegeben. Womit beschäftigen Sie sich denn gern?«, fragte er. Maria schluckte. »Wissen Sie... Ich... Mein Vater hat Lungenkrebs, ich habe ihn gepflegt. Ich bin leider nicht zu so viel gekommen...« »Oh, das tut mir leid! Wie geht es ihm denn?« »Es geht aufwärts, denke ich«, sagte Maria. »Das freut mich zu hören. Ich schreibe also kurz dazu: Exzellente soziale Fähigkeiten und Durchhaltevermögen. Merken Sie sich das, falls sie nochmal eine Bewerbung schreiben sollten. Ich hoffe aber, das wird nicht so bald sein. Wenn Sie nichts dagegen haben, würde ich sagen, Sie fangen am Montag um 8 an?« Er lächelte.

Heimwärts

»Und, wohin sind Sie unterwegs?«, fragte ihr Sitznachbar. Hazel lächelte. »Heim«, antwortete sie. In ihrem Kopf herrschte noch großes Durcheinander. Ursprünglich hatte sie gedacht, sie sei heute Morgen heim gefahren. Aber manchmal entwickelten sich Dinge eben anders. Nun war sie froh, dass sie die kleine Wohnung in der Großstadt am anderen Ende von Deutschland doch nicht gekündigt hatte.

Eigentlich hatte sie in ihr Elternhaus ziehen und die Kanzlei ihres Vaters übernehmen sollen. So war es geplant gewesen, als ihre Eltern noch am Leben gewesen waren, und Hazel hatte immer vorgehabt, diesen Vorstellungen zu entsprechen. Aber dann, als sie dort in dem Haus gewesen war, hatte sie verstanden, dass Pläne manchmal nicht mit der Wirklichkeit vereinbar waren, und hatte ein Zugticket gekauft.

Jetzt saß sie hier am Fenster und sah die Landschaft, die ihr aus ihrer Kindheit so vertraut war, an sich vorbeifliegen. Sie war so erleichtert gewesen, als sie den Entschluss gefasst hatte, zurückzufahren. Jetzt schlichen sich leise Zweifel in ihre Euphorie. Sie war auf dem Rückweg in ein Leben, das sie kannte. Aber war es auch das Leben, das sie wollte? Was wartete auf sie, wenn sie "heim" kam? Eine leere Wohnung, zu klein für eine Familie, sollte sie denn irgendwann jemanden finden, mit dem sie eine gründen wollte. Nicht einmal mit diesem ersten Schritt hatte es bisher geklappt.

»Ähm«, riss die Stimme des jungen Mannes neben ihr sie aus ihren Gedanken, »sorry, dass ich nochmal störe... wo ist denn "heim"? Tut mir leid, ich bin echt nicht gut in sowas, es ist nur... ich...«

Hazel schaute auf. »Sowas?«, fragte sie und konnte den amüsierten Unterton in ihrer Stimme nicht ganz verbergen.

»Ja, naja, ich hatte irgendwie einen schwierigen Tag und es wäre nett, sich ein bisschen zu unterhalten.«

Hazel musste zugeben, dass sie das nachfühlen konnte, und nannte ihm ihre Heimatstadt.

»Dahin bin ich auch unterwegs. Wie ist es dort denn so? Ich musste spontan umziehen, wegen meines Jobs. Ich hatte eigentlich gar keine Zeit, mich ordentlich umzuschauen, die Firma hat mir die Wohnung organisiert.«

Hazel dachte einen Moment nach. Wie war es dort denn so?

»Es ist eben eine Großstadt. Ich habe eine kleine Wohnung direkt an einer Hauptstraße, da ist es natürlich recht laut. Aber man gewöhnt sich daran und irgendwann habe ich mir gedacht, dass es schön ist, wenn immer jemand um einen herum ist. Irgendwo ist immer was los, und wenn man seine Ruhe möchte, kann man die Bahn an den Stadtrand nehmen und ist quasi schon in der Natur. Oder man geht an den Hafen. Ich mag es, dem Wasser zuzuhören und die Schiffe anzuschauen.«

Ihr Nachbar lächelte. »Scheint ja gar nicht so schlecht zu sein.«

Hazel musste ebenfalls lächeln. »Nein, ich schätze nicht.«

Nimmermehr

Es war Dezember und es war gegen Abend, als Alan das Klopfen am Fenster zum ersten Mal wahrnahm. Er war gerade im Sessel eingenickt gewesen. Ein unruhiger Schlaf, fast so, als wehre sein Geist sich dagegen; sein Körper jedoch forderte gnadenlos die Ruhe ein, war am Ende seiner Kräfte angelangt. Das Geräusch aus Richtung des Wohnzimmerfensters schreckte ihn aus diesem unangenehmen Zustand auf. Er drehte seinen schmerzenden Kopf und sah eine große Krähe außen auf seiner Fensterbank sitzen. Sie blickte mit ihren großen schwarzen Augen direkt in Alans Wohnzimmer und, so wie er fühlte, durch ihn selbst hindurch.

»Was guckst du so? Hier gibt es nichts zu sehen.« Wie lange hatte er seine Stimme nicht benutzt? Die Frage schoss ihm unvermittelt durch den Kopf. Wahrscheinlich seit der Beerdigung. Wie lang war das jetzt her? Zwei Wochen? Mehr? Er hatte der Zeit seitdem keine Bedeutung mehr zugemessen. Es wurde irgendwann hell und dann wurde es irgendwann wieder dunkel. Irgendwann dazwischen bekam er Hunger und bestellte sich etwas zu essen. Da er nicht viel auf einmal herunterbekam, reichte das dann auch für eine Weile. Zur Arbeit ging er auch nicht, er war krankgeschrieben. Damit er Zeit hatte, wieder auf die Füße zu kommen, hatte der Arzt gesagt.

Die Wohnung selbst erstickte ihn, mit all den Dingen, die noch hier waren. Aber wohin sollte er sonst gehen? Menschen ertrug er nicht. Nicht einmal mit seinen Eltern hatte er gesprochen. Immer wieder mal kam eine Textnachricht von ihnen, in der sie sich erkundigten, wie es ihm ging. »Ganz okay« schrieb er dann halbherzig zurück. Hauptsächlich, damit niemand sich veranlasst fühlte, ihn anzurufen oder gar vorbeizukommen.

So also fristete er sein Dasein in der Wohnung, in der er nicht sein wollte, und außerhalb derer er nicht sein konnte, und jetzt starrte ihn diese Krähe dabei an. Unbeirrt. Als ob sie ihn auslachte. Er wurde wütend. Seltsam, dachte er, denn das war die erste richtige Emotion, die er seit Langem gespürt hatte. Er nahm ein Kissen, an das er im Sitzen herankam, und warf es in Richtung Fenster. Die Krähe flog fort.

Nun passierte es regelmäßig, dass Alan von einem Klopfen am Fenster aufgeschreckt wurde. Jedes Mal drehte er sich um, und schließlich erwartete er den Anblick bereits. Runde, blitzende, schwarze Augen fixierten ihn, verurteilten ihn und das, was er mit seinem Leben anfing. Streuten Salz in die Wunde, die ohnehin nicht heilte und nicht mehr heilen würde. Nie mehr.

Unmerklich wechselten die Jahreszeiten. Für Alan machte es nur einen Unterschied, weil das Hell jetzt etwas länger dauerte und das Dunkel etwas kürzer. Sein Besucher am Fenster kehrte nach wie vor immer wieder zurück, egal, wie oft Alan sein Kissen gegen die Scheibe warf. Eines Tages klopfte es besonders penetrant an der Scheibe, und Alan beschloss, dass er genug hatte. Er stand auf und ging zum Fenster. Er war in Begriff, es aufzureißen und den störenden Vogel anzuschreien, als er nach unten auf die Fensterbank blickte, wo er ein Nest entdeckte. 4 Paar kleine, runde, glänzende Augen sahen ihn an. Er ließ die Hand sinken. An seinen Wangen liefen nun Tränen hinunter, die schon so lange überfällig waren.

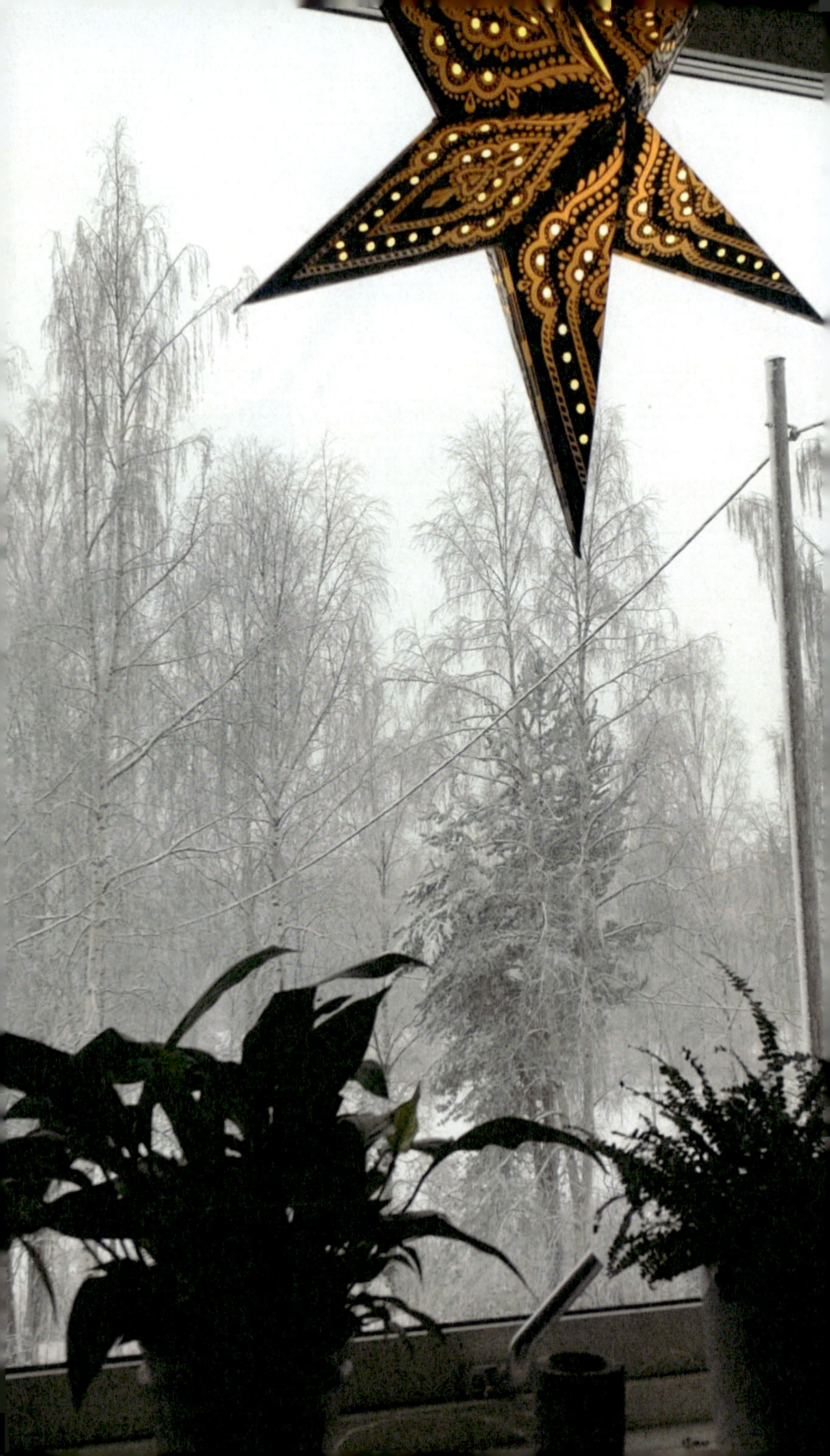

Zurück

Die Wände waren neu gestrichen worden. Auch die Fensterläden hatten eine neue Farbe bekommen, der Vorgarten war anders angelegt und ein Stellplatz für ein Auto geschaffen worden. Die Fenster selbst schienen noch nicht ausgetauscht und durch neue, besser isolierende ersetzt worden zu sein, wie bei anderen Häusern in der Straße. Auch die Ziegel waren augenscheinlich noch dieselben, schiefergrauen, wie die, an die sich Elenor erinnerte. Unschlüssig stand sie auf dem Bürgersteig vor dem Zaun, der das Grundstück umgab. Natürlich war auch dieser erneuert worden, der alte wäre inzwischen sicher längst weggefault. Elenor wollte nicht wirken, als schnüffle sie hier herum. Sie wusste, dass sie nicht einfach hier draußen stehen und einer fremden Familie ins Küchenfenster schauen sollte. Aber sie konnte ihren Blick nicht abwenden, konnte nicht verhindern, dass alte Szenen vor ihrem geistigen Auge wieder aufstiegen, wie Geister einer anderen Zeit, die all die Jahre herumgeirrt waren und nun einen Hauch von Zuhause spürten.

Sie sah sich selbst, mit blondem Haar und einigen Zahnlücken, dort am Tisch sitzen. Es war Weihnachtszeit gewesen, so wie jetzt, aber kein Schmuck, keine Lichter hatten die Fenster geziert. Keine Weihnachtslieder oder Kinderlachen hatte in der Luft gelegen. Die Fensterläden waren geschlossen gewesen, damit niemand hatte hineinsehen können. Ganz still war es in dieser Küche gewesen, als alle um den Tisch gesessen hatten und gebannt gelauscht hatten. Ihre Mutter, ihre jüngeren Geschwister, die Großeltern und sie selbst. In der Mitte ein Radio, vom Großvater unerlaubterweise umgebaut, so, dass der Militärfunk abgehört werden konnte. Keiner von ihnen hatte die Nachrichten vom Krieg, der so gut wie gewonnen war, geglaubt. Sie hatten die Wahrheit wissen wollen, und so hatten sie gelauscht, alle zusammen, dort in der Küche. Was sie vermutet hatten, hatte sich bestätigt. Der Krieg war auf dem Weg nach Deutschland gewesen, die zuletzt eingezogenen Soldaten - nein, Kinder! - nur noch Kanonenfutter.

Der Vater und ein Bruder waren aus dem Krieg zurückgekehrt, der andere Bruder nicht. Sie hatten Glück gehabt, das Haus war dem

Bombenhagel entgangen. Aber wie überall war es auch hier schwierig gewesen, an Nahrungsmittel zu kommen. Ihre Tante hatte auf dem Land einen Bauernhof gehabt, und so war ihre Familie von hier fortgezogen und hatte auf dem Bauernhof geholfen, im Austausch gegen Obdach und Essen.

Elenor blinzelte. Das Licht in der Küche war angegangen und ein Mädchen saß jetzt dort am Tisch. Sie hatte blondes Haar, und als sie lachte, meinte Elenor, einige Zahnlücken zu erkennen. Hinter ihr betrat auch ihre Mutter die Küche. Sie blickte aus dem Fenster und sah Elenor an. Bevor diese sich etwas überlegen konnte, um nicht zu wirken, als spähe sie gerade durch das Küchenfenster einer fremden Familie, öffnete sich die Haustür und die Mutter trat nach draußen. »Kann ich Ihnen helfen?«, fragte sie freundlich. »Ich... äh... wissen Sie, ich habe hier mal gewohnt«, sagte Elenor, da sie nicht wusste, was sie anderes sagen sollte. »Das ist aber nett, dass sie zu Besuch kommen. Möchten Sie eine Tasse Tee? Wir haben auch gerade Plätzchen aus dem Ofen geholt.« »Das... wäre wirklich sehr nett.« Elenor lächelte und trat durch das Tor.

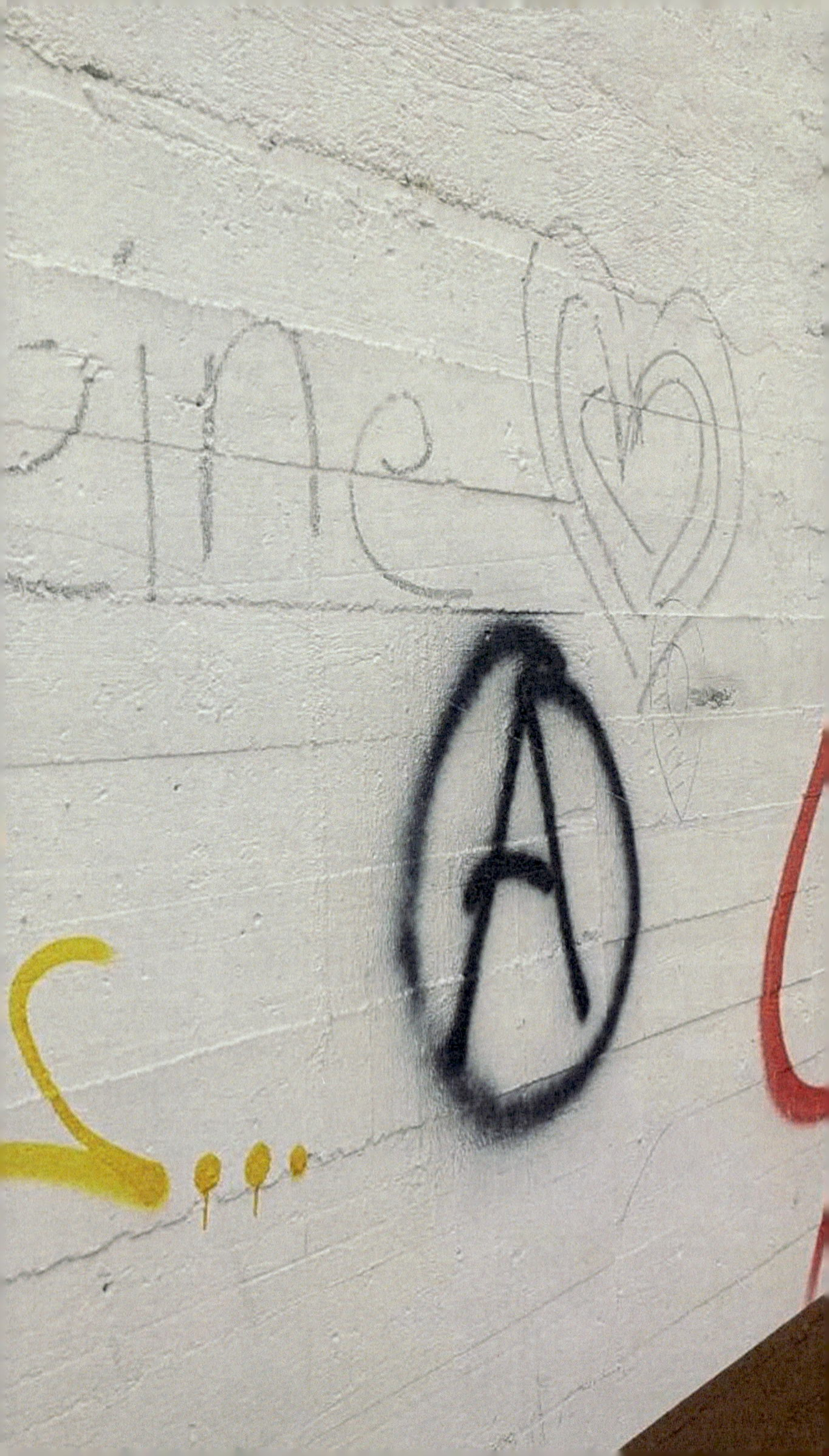

Nächstes Mal

Es war Dezember und die Luft war klirrend kalt. Als Amy aus dem Bus ausstieg, traf die Kälte sie mit Wucht im Gesicht. Sie versuchte, nicht zusammenzuzucken. Wohin jetzt? Sie sah nach links und rechts, wo andere Busfahrgäste sich in alle Himmelrichtungen verteilten. Jeder schien genau zu wissen, wohin er oder sie musste, und in Anbetracht der Temperaturen zögerte niemand lange, sich auf den Weg zu machen. Nur Amy stand etwas verloren am Bussteig. Sie setzte sich langsam in Bewegung, in eine beliebige Richtung, und dachte nach. So schwierig konnte es doch nicht sein, sich einen Plan zurechtzulegen. Nach Hause zurück konnte sie nicht, soviel war klar. Zu heftig war der letzte Streit mit ihrer Mutter gewesen, und sie ertrug die ständigen Auseinandersetzungen nicht mehr. Die, und das Weinen ihrer Mutter, wenn sie dachte, Amy könne sie nicht hören. Wahrscheinlich war ihre Mutter ohne sie deutlich besser dran. So konnte sie doch jetzt ein neues Leben anfangen. Welcher Mann wollte schon eine Frau mit einer nervigen Teenager-

Tochter? Nein, Amy hatte das Richtige getan, als sie beschlossen hatte, zu gehen. Ganz sicher.

Vor sich hörte sie das eindeutige Gedudel eines Weihnachtsmarktes. Das war der letzte Ort, an den sie gehen wollte. Dieses Friede-Freude-Eierkuchen-Flair hatte Amy noch nie gemocht, und in ihrer momentanen Situation war es das Letzte, was sie gebrauchen konnte. Sie wechselte die Richtung. Die Straßen wurden hier langsam enger und dunkler. Als es langsam dämmrig wurde, fiel Amy auf, dass es hier auch keine Weihnachtsbeleuchtung gab. Gut so. Sie wanderte weiter, bis ein Plakat an einer Wand vor ihr ihre Aufmerksamkeit auf sich zog. Scheinbar war das hier ein Club, in dem regelmäßig Rockkonzerte stattfanden.

Bevor Amy sich dagegen wehren konnte, sprang ihr Geist zum nächsten ungeliebten Thema. Sie fragte sich, wo ihr Vater wohl gerade war. Hingen irgendwo, am anderen Ende der Welt, genau solche Plakate an Clubwänden und verkündeten, dass seine Band hier bald spielen würde? Bestimmt. Bestimmt tourte er gerade durch die ganzen kleinen Clubs der Welt, die großen Konzerthallen hatte er nie gemocht. Sie selbst hätte alles gegeben, um aus dem langweiligen Vorstadtleben auszubrechen, in dem sie sich schon lange gefangen fühlte. Ihr Vater hatte das geschafft. Warum hatte er sie nicht mitgenommen? Unwillkürlich musste sie an ihre Mutter denken. Vielleicht hatte ihr Vater sich etwas dabei gedacht, sie beide zusammen zurückzulassen. Der Gedanke drängte sich ihr auf, auch wenn sie ihn gar nicht denken wollte. Sie blickte nach oben in den dunkler werdenden Himmel. Es hatte zu schneien begonnen. Wie von selbst setzten Amts Füße sich in Bewegung, zurück in die Richtung, aus der sie gekommen war. Heute würde sie den Bus nach Hause nehmen und nach ihrer Mutter schauen. Nächstes Mal würde sie einen Plan haben und ihn in die Tat umsetzen. Ganz bestimmt.

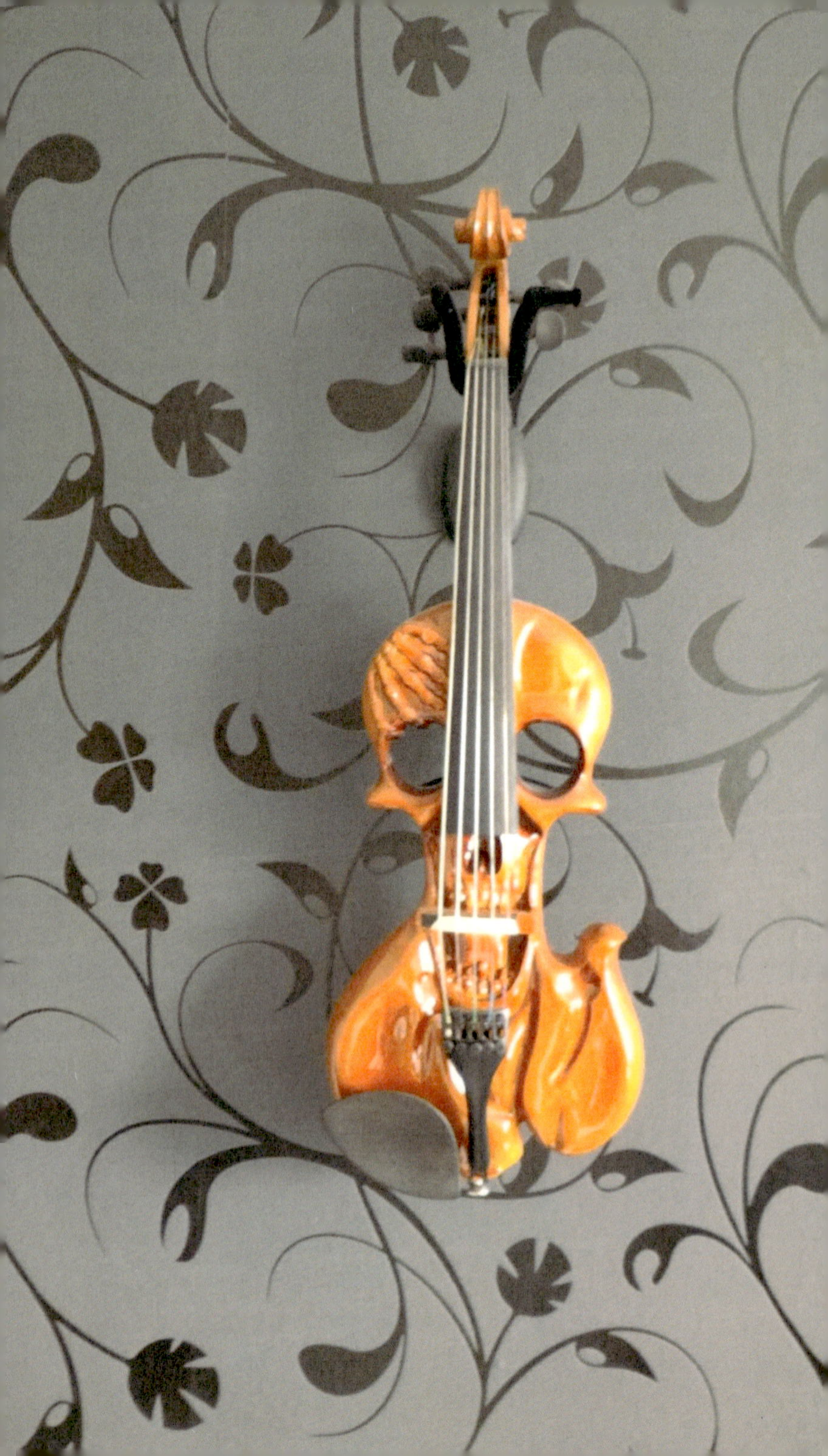

Sinfonie

Wütend klappte Lilian ihren Laptop zu. Sie wollte nicht irgendetwas schreiben, das sie in wenigen Minuten bereuen würde. Auch, wenn es ihr unter den Nägeln brannte, all ihren aufgestauten Frust, die empfundene Ungerechtigkeit und ihren Ärger ungebremst auf diesen Gruppenchat einprasseln zu lassen. Wozu das alles noch?

Sie hatte sich um ein lukratives Konzert für ihre Band bemüht. Es wäre eine Chance gewesen, eine Liga weiter nach oben zu rutschen in der Szene. Leider hatte sie wieder einmal eine Absage hinnehmen müssen. Sie hatte ihren Bandkollegen gleich geschrieben, die die Nachricht weit weniger emotional aufgenommen hatten, als sie selbst. Manchmal fühlte sie sich, als sei sie die einzige, die sich wirklich um das Vorankommen der Band bemühte. Wozu?

Eine Welle aus Frust und Traurigkeit überkam sie. Von der Musik leben konnte sie ohnehin nicht. Es war ein teures Hobby, sowohl finanziell als auch, was den Zeitaufwand betraf. Instrumente waren teuer, gute Aufnahmen waren teuer, zu schlecht bezahlten Konzerten quer durchs Land fahren war teuer. Unter der Woche arbeitete sie, um sich das leisten zu können, und am Wochenende stand sie irgendwo auf irgendeiner kleinen Bühne. Danach alles von vorn. Wozu?

Sie stand auf und ging zum Fenster, von dem aus sie auf die Straße unterhalb des Hauses schauen konnte, in dem sich ihre Dachgeschosswohnung befand. Vielleicht war es Zeit, der Musik den Rücken zu kehren und sich etwas anderes zu tun zu suchen. Etwas, das weniger von ihr forderte. Ihre Violine brächte ihr sicherlich ein bisschen Geld ein. Wozu sie behalten?

Ihr Kopf schmerzte jetzt schon eine Weile und es wurde stetig schlimmer. Sie beschloss, dass etwas frische Luft ihr sicher guttun würde. Sie ging die Treppe hinunter und wandte sich nach links, wo die Straße alsbald auf einen kleinen Wald traf. Sie nahm den Fußgängerweg, der in den Wald hinein führte, und lief, bis sie nach ein paar Minuten die Verkehrsgeräusche nicht mehr hören konnte. Deren Platz nahmen hier die Geräusche des Waldes ein: Ein kleiner Bach gurgelte leise zu ihrer Linken, der Herbstwind ließ die Bäume über ihr rauschen. Sie blickte nach oben. Über ihr sah sie die letzten Schwalben, die noch nicht gen Süden aufgebrochen waren. Ob es noch mehr Zugvögel gab, die noch hier waren? Sie blieb stehen und lauschte. Und da waren sie, viele verschiedene Vogelstimmen, die durcheinander riefen. In Lilians Kopf jedoch klang es gar nicht durcheinander. Es klang wie ein Rufen und Antworten, wie Harmonien, die sich gegenseitig verstärkten und die einzelnen Stimmen noch schöner klingen ließen. In ihrem Kopf verbanden die Geräusche sich zu einer Sinfonie, die von Abschied und Heimkehr erzählte, und vom ewigen Wechsel der Jahreszeiten.

Bevor Lilian es verhindern konnte, griff ihre linke Hand nach unsichtbaren Saiten, ihre rechte Hand schwang einen Bogen aus Wind. Als sie in die Sinfonie einstimmte, die vielleicht nur in ihrem Kopf existierte, wusste sie plötzlich, wozu.

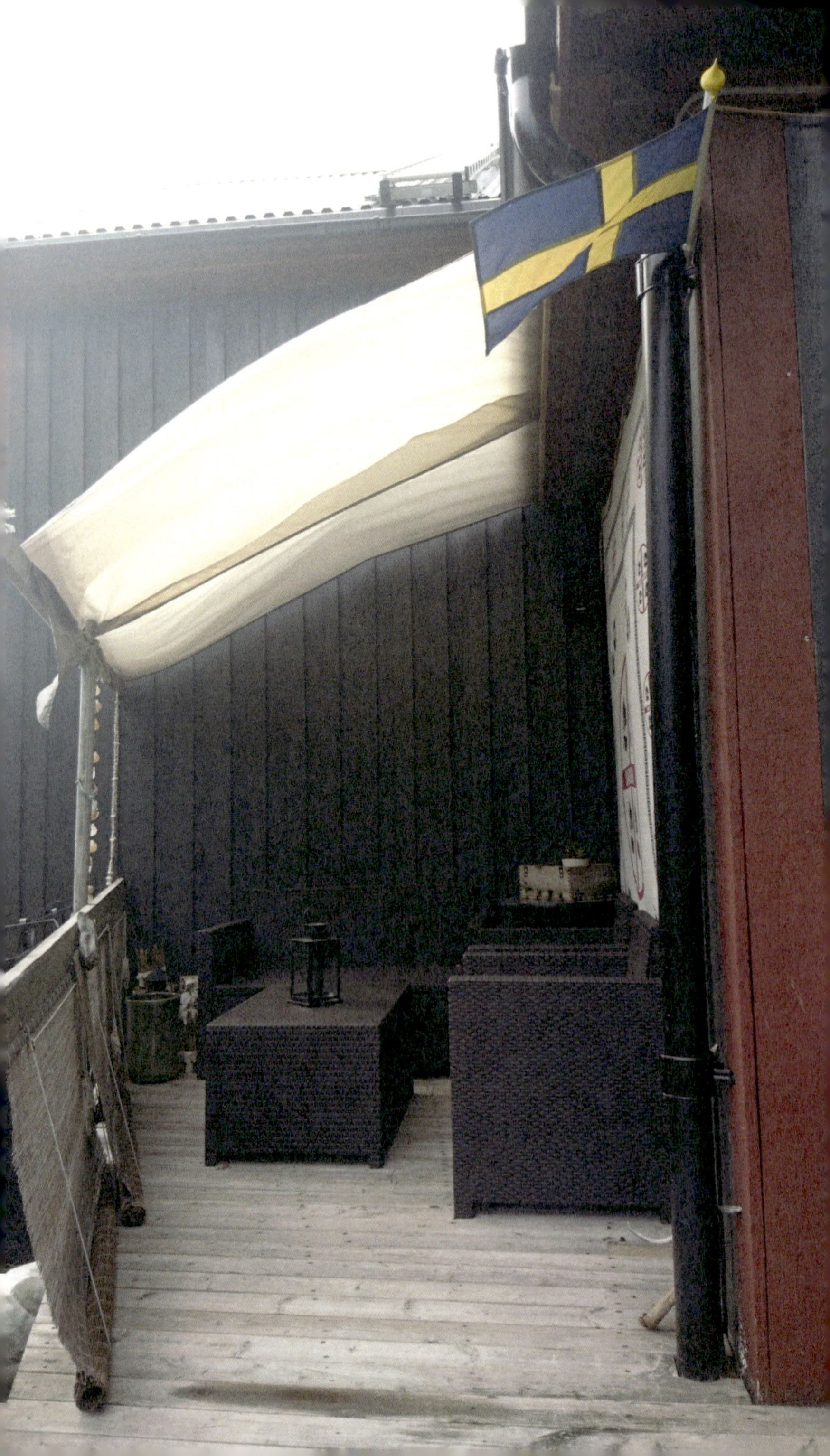

Zuhause

Die Koffer gepackt. Alles geputzt. Schlüssel abgegeben. Ein letzter Blick zurück.

Eigentlich hat er sich auf diesen Tag gefreut. Der Aufbruch in ein neues Leben, mit einem neuen Job, einem neuen Zuhause, in einem neuen Land. Aber jetzt, im Moment des Abschieds, fragt er sich, ob er die richtige Entscheidung getroffen hat.

Umziehen hätte er sowieso müssen. So sehr er die Berge hier liebt, mit ihrer Unberührtheit und der Ruhe in den endlosen Wäldern, er weiß, dass er nicht bleiben kann. Die Situation außerhalb der Städte hat sich in den letzten Jahren verändert. Immer weniger Leute haben hier heute noch Arbeit. Die vielen kleinen, sympathischen Läden, die das Nötigste zur Verfügung gestellt haben, sind Stück für Stück verschwunden. Und nun ist auch er selbst in Begriff zu gehen.

Zum ersten Mal mit dem Gedanken gespielt hat er, nachdem er im Internet jemanden kennengelernt hat. Sofort sind sie ins Gespräch gekommen und nach einigen Besuchen im jeweils anderen Land ist aus der Sache schnell mehr geworden. Zusammen haben sie von diesem Tag geträumt, endlich kein tränenreiches Auf Wiedersehen mehr. Und jetzt steht er hier vor der Tür, an diesem herbeigesehnten Tag, und kann sich nicht rühren.

Er zwingt sich, die ersten Schritte zu tun. Zum wartenden Taxi, das ihn zu Flughafen bringen wird. Ihm ist, als wispere der Wald, gurgle der See vor dem Haus Beschwörungen, um ihn zum Bleiben zu überreden. Aber er geht. Steigt ins Taxi, versucht, nicht aus dem Fenster zu schauen.

Am Gate ist viel los. Er bleibt für sich, setzt sich in einer Ecke auf den Boden. Sein Gepäck hat er bereits aufgegeben. Er schaut sich um. Um ihn herum bieten verschiedene Shops die touristenwirksamen Köstlichkeiten des Landes an. Er hat keinen Hunger.

Der Flug dauert nicht lange. Seltsam, denkt er, dass er in so kurzer Zeit so weit weg von zu

Hause gelangen konnte. Am Gepäckband wartet er darauf, dass der metallene Schlund endlich seine Koffer ausspuckt. Als es soweit ist, macht er sich auf den Weg in Richtung Ausgang. Er hat nicht bemerkt, wann sein Herz angefangen hat zu pochen, aber jetzt fällt es ihm auf.

Er schaut in die Menschenmenge, die sich teils in den Flughafen hinein- und teils aus ihm herausschiebt. Seine Augen bleiben an einem vertrauten Gesicht hängen. Sie erkennt ihn im selben Moment und er sieht, wie ihre Züge sich aufhellen. Er kann nur vermuten, dass er plötzlich ebenso strahlt wie sie, als sie aufeinander zu hasten. Lachend wirft sie sich in seine Arme. Als er sie festhält, überkommt ihn zum ersten Mal das Gefühl, dass er keine Heimat verloren, sondern eine neue gewonnen hat.

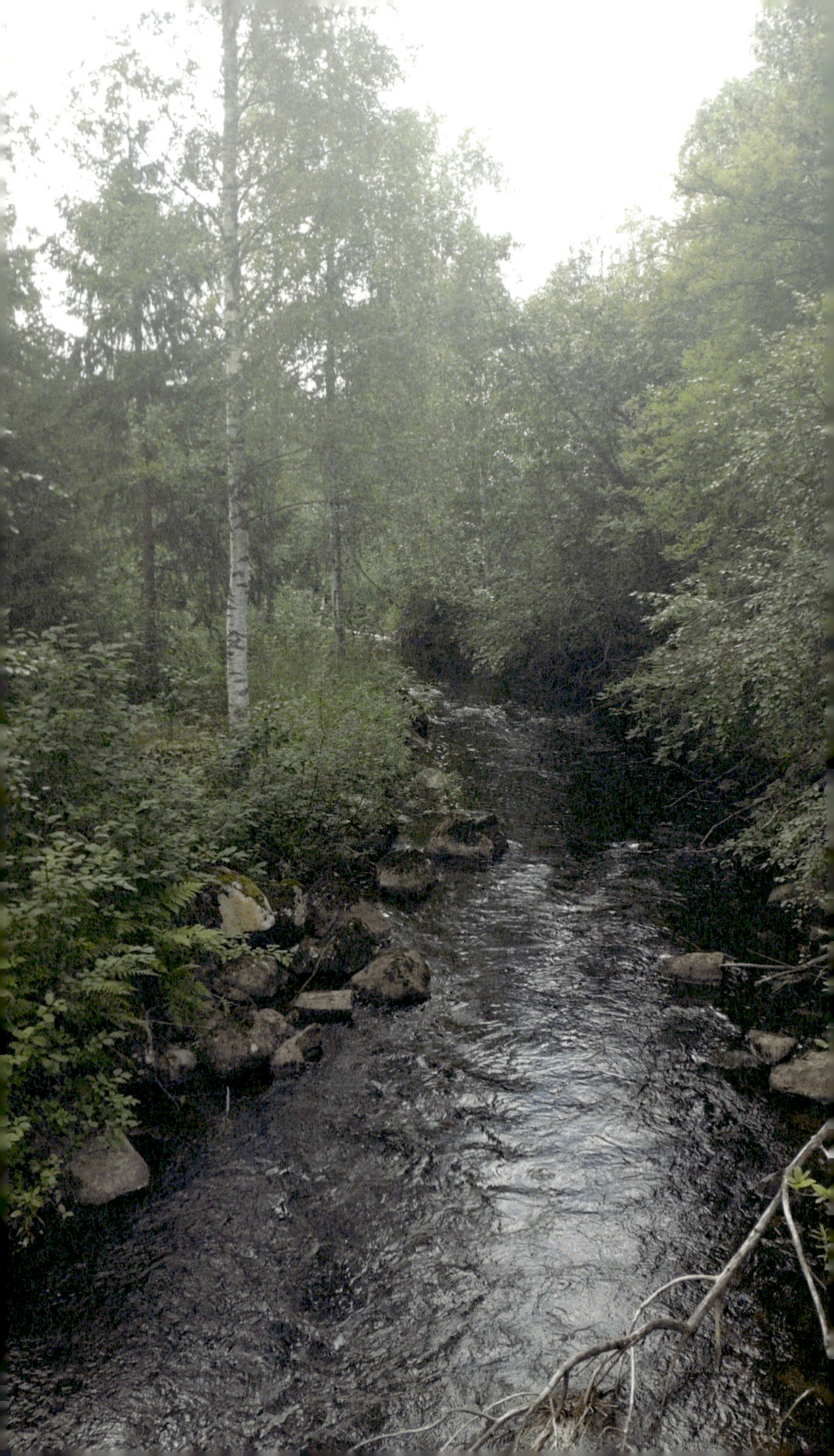

Danksagung

Ich möchte mich bei allen bedanken, die mir ihre Geschichten geliehen haben. Manche der Geschichten bleiben nah an dem, was sich tatsächlich zugetragen hat, andere leihen sich Fragmente aus und setzen sie neu zusammen.

Es ist eine Sache, frei erfundene Geschichten aufzuschreiben, die dann in ein Happy End münden. Das liest sich nett und macht auch beim Schreiben Spaß, und vielleicht kann man dadurch einen Moment lang die Realität ausblenden.

Es ist aber eine andere Sache, Geschichten aufzuschreiben, die so oder so ähnlich passiert sind, die Bezüge zur Realität haben und sie nicht auszublenden versuchen. Bei diesen Geschichten ist das Happy End von noch größerer Bedeutung, denn es zeigt, dass nicht nur in einer fiktiven Welt alles am Ende gut ausgehen kann. Gutes passiert auch in der echten Welt, manchmal laut und auffällig, manchmal - wahrscheinlich viel öfter - aber auch im Kleinen und Stillen, und man muss die Augen offenhalten, um es nicht zu verpassen.

Dabei sieht ein Happy End manchmal anders aus, als wir es erwarten, und vielleicht erkennt man es nicht gleich als solches. Vielleicht glaubt man zuerst, den schlechtesten Ausgang der Geschichte vor Augen zu haben, bevor er tatsächlich eintritt und man bemerkt, dass alles gut ist, wie es ist. Vielleicht dauert es lange, sogar Jahre, bis man bemerkt, dass eigentlich alles gut war, so wie es war.

Die Geschichten, die in diesem Buch gesammelt sind, sollen versuchen, diese Facetten einzufangen. Ich bin allen sehr dankbar, die auf ihre Weise dazu beigetragen haben, dass ich diese Fenster öffnen konnte.

SARAH GORZELITZ

Sarah Gorzelitz wurde 1992 in Hanau geboren. Nach ihrem Abitur 2011 studierte sie in Gießen Germanistik und Anglistik auf Lehramt und arbeitet heute als Lehrerin an einem Gymnasium. Sie begann mit dem Schreiben, sobald sie einen Stift halten konnte, und hatte dabei schon immer eine Vorliebe für Lyrik. Seit ihrem Schulabschluss ist sie als Autorin von Songtexten tätig, zunächst für ihre eigene Band, seit 2018 schreibt sie Songtexte, Konzepte und begleitende Prosa auch für andere Bands.

Loved this book?
Why not write your own at story.one?

Let's go!